42
Lb 327.

PÉTITION

AU CONSEIL DES CINQ-CENTS,

CONCERNANT

L'ÉVÈNEMENT DE TOULON

EN 1793.

PRÉSENTÉE *par le citoyen* PUISSANT, *ex-ordonnateur de la Marine, à Toulon.*

CITOYENS LÉGISLATEURS,

LA FRANCE entière a été trompée sur l'évènement de Toulon en 1793. On a dit à la convention :

« Vous rendrez hommage au *courage*, au
» *patriotisme* de St.-Julien, qui a voulu défendre
» vos vaisseaux.
» Abandonné par les divers bâtimens à ses
» ordres, St.-Julien s'est sauvé à la Seigne....
» Vous statuerez sur le sort de tous ces lâches...
» Tout ce qui est resté après lui à Toulon est
» traître ou rebelle, et doit être exterminé, s'il ose
» reparoître sur le sol des hommes libres ».

La convention décréta mention HONORABLE de la conduite de St.-Julien, la punition de l'armée, le massacre et la proscription de 52 mille ames, dont 45 mille victimes innocentes.

J'ÉTOIS l'un des chefs de la marine : c'est à moi à déchirer le voile qui couvre encore tant d'iniquités, et à vous dire :

« C'est St.-Julien qui a livré Toulon. Il a en face
» de deux nations, déshonoré et avili le pavillon
» et le nom français en se SAUVANT honteuse-
» ment devant l'ennemi, puis revenant MANDIER
» ses fers.

» L'armée n'a manqué ni à sa fidélité, ni à son
» devoir.

» Sans la perfidie et la lâcheté de St.-Julien,
» l'armée, 25 mille patriotes et 10 mille citoyens
» trompés, mais incapables de trahir, eussent ré-
» primé les rebelles, combattu et repoussé l'An-
» glais.

» Ce furent ces hommes de sang qui alors tyran-
» nisoient la convention et la France, qui, par des
» mesures officielles, préparèrent, forcèrent la
» révolte.

» Ce fut pour cacher leur perfidie bien connue à
» Toulon, qu'ils firent, dès le 20 août, huit jours
» avant l'entrée de l'Anglais, massacrer tout pa-
» triote sortant de Toulon : ce fut pour étendre ce
» massacre à tous les ports où ils rentreroient,
» pour couvrir et consacrer leurs forfaits, qu'ils
» firent passer les décrets des 6, 9 septembre et
» 8 octobre 1793, dont ceux de fructidor et ven-
» démiaire, an 3, sont la suite vicieuse.

» Il fut massacré par leurs ordres ou, selon ces
» lois, 10 à 12 mille victimes, plus de 6 mille ont
» péri de misère ou par le fer des rebelles, 5 à 6
» mille végètent misérables chez l'étranger où leur

» dévouement à la patrie est, comme en France, » un titre de proscription ».

IL EST TEMS, citoyens législateurs, de mettre un terme à tant de maux.

Voilà la situation de Toulon du 24 au 28 août 1793, la disposition et la conduite de l'armée. Voyez si elle a abandonné St.-Julien, s'il n'avoit pas toute la facilité, tout le tems et tous les moyens possibles de réprimer les rebelles et d'en imposer à l'ennemi.

Voilà ce que j'ai cru que St.-Julien pouvoit et devoit faire, et voilà sa conduite. Voyez s'il vouloit sauver Toulon, défendre les vaisseaux.

Voilà la conduite des victimes, voyez si elles ont mérité un traitement aussi inhumain.

Le rapport du 9 septembre 1793 et ma correspondance, dont je vous supplie d'exiger la représentation *intègre*, vous offriront des preuves évidentes des mesures officielles qui préparèrent, forcèrent la révolte. Et si vous permettez que l'extrait de compte que je viens de publier, soit joint à ma pétition, il offrira des renseignemens.

ENFIN voilà les faits que j'*articule*, en réclamant la constitution, la loi de la marine, un examen sévère de la conduite de tous, et UN JUGEMENT SOLEMNEL DE L'AFFAIRE DE TOULON.

J'ai fait part de cette demande à tous les marins, invitant tous ceux qui ont connu les faits à vous attester la vérité. Pour obtenir leur attestation authentique, j'ai eu recours à l'équité naturelle. Invoquant l'article VII de la déclaration des droits, j'ai demandé dans tous les ports un interrogatoire officieux et public, à charge et à décharge. Il est commencé à Brest, Cherbourg, Nantes, etc. Ici la loi est muette, mais l'honneur, l'équité et l'indignation commandent.

En décrétant la punition d'une armée sans reproche, le massacre, la proscription de 45 mille marins innocens, n'a-t-on pas flétri, outragé la marine?

N'est-elle pas avilie par l'éloge décrété et la présence légale de deux lâches?

C'étoit le tems de l'anarchie, de la terreur; aujourd'hui le corps législatif est libre, respecté. De pareilles lois pourroient-elles donc encore subsister? Non. Le cri de l'indignation générale répète dans tous les ports : Non. UN JUGEMENT SOLEMNEL. Il faut que la marine soit pure. Sans l'honneur, point de marine.

A Coutances, en la Maison de détention, le floréal, an 5 de la république française, une, indivisible.

Signé PUISSANT.

A PARIS, de l'Imprimerie de G.-F. GALLETTI, rue Honoré, n°. 1499, vis-à-vis l'hôtel de Noailles.

Faits exposés au Corps Législatif.

FAITS ACCESSOIRES.

Disposition et conduite de l'Armée.

1er. FAIT. A la première nouvelle de l'appel de l'Anglais, tous les vaissseaux sont en mouvement.

2. — Les Capitaines Cosmao, Duchesne, Bouvet, Duhamel, beaucoup d'autres officiers et 10 mille marins jurent que l'Anglais n'entrera point.

3. — Des députations nombreuses courent en assurer les Sections.

4. — Leur mauvaise réception fait éclater les équipages en menace.

5. — Par-tout on lit au pied des mâts ces mots : la *Constitution*, la *Liberté*, ou la *mort*.

6. — Un chebeck va s'expédier en parlementaire par ordre de Trogoff ; on court à bord, on arrête le Capitaine, on le conduit à St.-Julien.

7. — Par-tout le nom de Trogoff est détesté.

8. — Il en est de même des Capitaines connus pour royalistes.

9. — On crie à haute voix qu'on veut avoir l'officier Anglais.

10. — On veut la Constitution et la mise en liberté des Représentans.

St.-Julien arbore le pavillon de Commandant en chef.

11. — Les Commandans des divers bâtimens se rendent à son bord.

12. — Il jure de défendre la rade et de réprimer les rebelles.

13. — Tous les vaisseaux, tous les équipages se rangent avec empressement sous ses ordres.

14. — Tous les équipages s'empressent de dénoncer les officiers et maîtres suspects et de demander leur débarquement.

15. — Il est tenu un Conseil.

16. — Ce conseil est long, tumultueux et indécis.

17. — La seule résolution prise est que les vaisseaux s'embosseront.

18. — On s'en rapporte au général pour prendre et ordonner toutes les mesures nécessaires.

19. — Par-tout les satellites des factieux ont à garder à-la-fois les postes, les armes, les munitions, les patriotes non armés et une partie des gardes *étrangers* qui sont venus partager leur service.

20. — Ces gardes disent tout haut être venus pour empêcher les Toulonnais d'être égorgés, mais non pas pour livrer Toulon à l'ennemi.

Conduite de l'Armée les 25, 26, 27 août.

55. — La très-majeure partie des équipages résiste à toutes les tentatives des rébelles pour les tromper.

56. — Les demandes de débarquement des capitaines et officiers royalistes ou suspects, sont renouvellées avec instance.

57. — On insiste sur la répression des rébelles.

58. — Les vaisseaux sont en branlebas continuel.

59. — On attend avec impatience les ordres d'agir ; on les provoque par des députations.

60. — Les capitaines et officiers patriotes vont en démontrer la nécessité et l'instance.

61 — Indigné de voir flotter dans la rade le pavillon dominant des rébelles et enlever les poudres, on députe de nouveau au général.

62. — Son inaction fait éclater les équipages en murmures et en menaces.

63. — On est prêt à canonner la frégate et la ville.

64. — Mais ce sont des frères égarés. On députe encore à la frégate, aux forts, aux sections.

65. — Les députés sont forcés de se retirer, ou incarcérés et chargés de fers, quelques-uns sont sur le point d'être pendus.

66. — Au premier bruit que l'Anglais descend, on court au général, on renouvelle toutes les députations.

67. — Même insensibilité du général. Par-tout les députés sont repoussés ou punis.

Le 28 août.

75. — A la vue de l'ennemi, les équipages brûlent de le combattre.

76. — En vain les capitaines rébelles observent le danger des boulets rouges, toute inégalité d'avantages disparoît.

77. — Déjà la plupart des vaisseaux n'attendent plus que le signal du combat. Tous les yeux sont tournés sur le général.

78. — On le voit s'enfuir et *Cassin* le suivre. L'indignation, la honte, le désespoir s'emparent de tous les Républicains.

79. — Malgré tout, la plupart des vaisseaux veulent combattre ; on somme *Cazotte* de prendre le commandement, *il hésite et refuse*.

80. — Les capitaines rébelles, d'intelligence avec St.-Julien, répètent aux marins le cri d'aller joindre l'armée de *Cartaux*, et les voyant indignés de la proposition de *fuir*, ils montrent les batteries de la rade comme le seul moyen d'empêcher la flotte d'entrer.

81. — Ne pouvant combattre, les marins, les soldats trompés vont se jeter dans les batteries de l'Ouest, et les trouvant désarmées, ils repassent la rade pour courir à celles de l'Est, sous le fort de la Malgue, sous le feu

des troupes anglaises et tirent sur la flotte.

82. — Le défaut de chef et la désorganisation de beaucoup de vaisseaux laissent 8 à 10 mille marins, dont 7 mille Ponantais hors d'état d'offrir aucune résistance.

Du 29 août au 15 septembre.

83. — Tous veulent retourner dans leurs ports.

84. — La rage dans le cœur, la très-majeure partie n'est occupée que du desir de forcer l'ennemi à la retraite.

85. — On emploie pour les garder tous les moyens d'erreur et de séduction possibles et même la force.

86. — Il en part environ 7 mille, et le reste est retenu par la force.

Conduite des Victimes.

30 mille victimes innocentes forcées de rester à Toulon ou de s'expatrier, furent proscrites. 8 à 10 mille ont péri, 5 à 6 mille gémissent loin d'une patrie qu'ils chérissent, et qui est bien injuste à leur égard.

96. — Les habitans, ouvriers, etc. ne voulurent jamais combattre les républicains.

Le régiment de Royal-Louis ; les Satellites furent les seuls combattans.

97. — Le pavillon blanc ne fut arboré, la cocarde blanche ne fut prise, et *Hood* ne se crut maître de Toulon, qu'après le désarmement des habitans.

98. — Les marins refusèrent également de combattre les républicains.

Le capitaine Ferraud fit feu de son vaisseau jour et nuit pendant tout le siège : mais ce fut à force de cruautés sans cesse répétées envers son équipage. Aussi combien était-il inquiet à Gibraltar sous le peu de sûreté qu'il y avait pour lui à son bord.

99. — Les fugitifs déclarèrent qu'ils ne combattraient point les républicains.

100. — L'Anglais fut obligé d'escorter les bâtimens en partie désarmés, d'y avoir des officiers Anglais pour les signaux et de les tenir sous l'écoute de leurs vaisseaux pour les garder.

Situation de Toulon et conduite de St.-Julien.

Armée Navale.

21. — L'Armée consistait en 20 vaisseaux de ligne, dont trois étaient tout armés dans l'arsenal.

22. — Elle ne reconnoissait plus l'autorité de Trogoff ni des capitaines connus pour royalistes.

23. — St-Julien n'éprouva de la part de Trogoff, ni opposition ni contrariété.

En prenant le commandement, St.-Julien devait, à l'instant même, fixer à des patriotes le commandement et le service des vaisseaux, suspendre, consigner ou faire arrêter à leur retour à bord tous les officiers et maîtres suspects.

51. — Il laissa à leur bord les Officiers et Maîtres suspects dont les équipages demandaient le débarquement.

52. — Il autorisa à rentrer à leur bord les Capitaines et officiers rébelles que le civisme des équipages en avait repoussés.

La Ville.

24. — Sur environ 3000 hommes qui gardaient les postes et les rues, les rébelles n'avaient *à eux* tout au plus que 5 à 600 hommes.

25. — Il était défendu, sous peine d'être puni militairement, à tout habitant ou soldat de prendre les armes sans l'ordre exprès de son chef.

26. — Et aux chefs de les faire prendre sans l'ordre du comité général des sections.

28. — Plus de 8 mille patriotes brûlaient d'impatience de secouer ce joug tyrannique.

28. — Les factieux avaient un ton menaçant, mais ils tremblaient qu'une alarme fit battre la générale; car ils eussent été perdus.

29. — L'agitation de la rade leur causa une grande frayeur.

On imprime à la hâte une proclamation à l'armée.

30. — Les sections assurent l'armée que l'appel de l'ennemi est un bruit faux répandu par les anarchistes pour armer les marins contre leurs frères, et *que les Toulonnais ne cesseront jamais d'être fidèles à la République.*

31. — La proclamation est portée à St.-Julien par une députation nombreuse composée d'hommes tirés de tous les bataillons de la garde nationale et de tous les corps, et jugés les plus propres à corrompre, à tromper les équipages.

32. — Elle va, par son ordre, la repandre dans tous les vaisseaux à qui toute autre communication avec la ville est interceptée.

De toute la rade, St.-Julien est le seul trompé, parce qu'il veut l'être.

Mais cette perfidie remplit le double objet qu'on s'est promis.

Le premier mouvement des équipages est ralenti, St.-Julien ne prend aucune mesure, laisse tout faire; et les factieux, enhardis par sa constante inaction, augmentent par tous les moyens de séduction possibles, le nombre de leurs satellites.

33. — Ils font arrêter *successivement* tous les patriotes qui leur paraissent dangereux.

34. — Le nombre d'incarcérés (*dit-on alors*) s'éleva *bientôt* à plus de 400.

35. — On fait d'une frégate une prison flottante contenant environ 200 prisonniers, et on la place *avec sécurité*, dans la rade même.

Vieille Darse ou Port marchand.

36. — Le capitaine Duhamel offrit son vaisseau le Thémistocle, mouillé très-près de la chaîne, qui fut quatre jours et quatre nuits en branlebas continuel, attendant toujours l'ordre de St.-Julien qui promit sans cesse et tint dans l'inaction ces braves gens si déterminés à réprimer les rébelles.

Rien n'empêchait St.-Julien de faire entrer dans la vieille Darse un vaisseau ou une frégate pour s'en emparer, et d'y faire filer de suite une force imposante.

Il le pouvait même bien facilement encore le 26 et le 27.

Le général Doumets, commandant de la place, et moi, lui en fîmes passer l'avis répété et la réquisition officielle.

Arsenal ou Port national.

Dans l'Arsenal les armes, les postes et le Bagne sont gardés par environ 300 hommes dont les trois quarts ne sont retenus que par la crainte, la présence des agens des rébelles, et sur-tout par l'espoir que St.-Julien ou Chaussegros va agir.

Des officiers civils et militaires opprimés, la compagnie des canonniers, celle des ouvriers d'état que le citoyen Hedouin et moi avons obtenu d'armer, la majeure partie des équipages et des garnisons des vaisseaux, beaucoup d'ouvriers, etc. attendent avec impatience, et de moment à autre, des secours de la rade, ou au moins un moyen quelconque de protection pour pouvoir agir avec quelque sûreté d'un appui.

Malgré ma situation bien critique alors, je provoque ces secours par toutes les voies et toutes les instances possibles.

Du 23 au 28 août. Il n'est pris dans l'Arsenal aucune mesure offensive ni défensive, autre que l'armement de la frégate la Perle.

37. — La Perle tira ses poudres de la poudrière de la rade.

38. — St-Julien les laissa prendre sans opposition quelconque.

39. — Elle fut mise en rade en dehors et très-près de la chaîne, et arbora le pavillon supérieur des rébelles.

40. — St.-Julien n'y mit aucune sorte d'empêchement.

Forts.

Sur environ 6 à 700 hommes distribués dans les forts de la Malgue et des Deux Tours, les factieux n'avaient pas 150 hommes de leur parti. La majeure portion des garnisons était formée par les détachemens revenus d'Aix en criant vive la Convention, et qui servaient par force dans les forts.

St.-Julien ne pouvait ignorer que ces Forts étaient sans moyens. Il en fut averti et prévenu officiellement.

Parc des Vivres.

Rien n'empêchait St.-Julien de s'emparer du Parc des vivres. Les rebelles n'eussent pu s'y opposer sans une alarme, et en ce cas on eût pris les armes dans la ville. Toulon était sauvée.

41. Les vivres de journalier pour les garnisons des Forts étaient transportés par la rade, St.-Julien les laissa passer.

Poudres.

Les rebelles ayant prêté aux Marseillais ou dépensé presque toutes les poudres de la ville et des forts, n'avaient de ressource que dans la poudrière de la marine; mais elle était située dans une petite île au fond de la rade, près des vaisseaux de St.-Julien, qui connaissait ce dénuement, et qui en fut prévenu officiellement.

42. — St.-Julien laissa les rebelles enlever de la poudrière de la rade toutes les poudres de la marine.

Plusieurs bâtimens furent, sous ses yeux, employés à leur transport.

43. — Elles furent placées dans une frégate qui fut et resta *paisiblement* mouillée à l'entrée de la rade près la vieille Darse.

Batteries de la rade.

Au fond et dans le pourtour de la rade étaient diverses batteries qui devaient protéger les vaisseaux contre un ennemi supérieur, et même contre les rebelles.

Il devait en faire completter l'armement, appeler les patriotes de toute cette partie de la côte, pour les garder, les servir et établir une communication avec l'armée de Carteaux.

44. - St.-Julien laissa les rebelles venir impunément délabrer toutes les batteries du pourtour de la rade, emporter les mortiers, briser les affûts et jeter les canons par les embrâsures.

Ils passent au milieu de la rade sous sa poupe. Il voit lui-même détruire, près de son propre vaisseau, cette superbe batterie dont l'amiral Hood, quoique maître des forts, sentit toute l'importance.

Postes extérieurs de l'Armée.

Lorsque St.-Julien prit le commandement, il devait mander à son bord les capitaines des bâtimens de guerre mouillés hors de la rade, leur intimer et aux équipages la défense expresse de reconnaître d'autre autorité que la sienne, et intercepter toute communication des rébelles avec l'ennemi.

45. — St.-Julien permit que la communication des rébelles avec l'ennemi restât libre.

46. — Et que les bâtimens de guerre mouillés à la côte ser-

vissent de parlementaires et de transports pour aller chercher l'anglais et aider à son débarquement.

Signaux de la Côte.

Il était important que tout le monde, et sur-tout le général, fût averti sur-le-champ de chaque mouvement des rébelles et de l'ennemi.

Les signaux de la côte méritaient toute l'attention de St.-Julien.

La tour des signaux était par sa position, à sa seule et entière disposition, s'il l'eût voulu.

47. — *Il laissa les rébelles continuer de diriger les signaux.*

Aussi ces signaux n'apprirent-ils à la ville, à l'armée, à son général, ni le départ du parlementaire, ni le débarquement des troupes anglaises, ni leur entrée dans les forts, ni même l'approche de la flotte ennemie.

Communications.

Le salut de Toulon et de l'armée exigeait une communication respective et fréquente des patriotes de l'Armée, des forts, de l'arsenal, de la ville et des campagnes voisines. St.-Julien devait la faciliter et la protéger.

48. — *Il ne facilita en rien et il empêcha la communication respective des patriotes.*

49. — *Il laissa sans réclamation, chargé de fers tous ceux qui, bravant tout pour éclairer leurs frères, furent arrêtés.*

Celle des rébelles avec l'armée n'ayant pour but que de la désorganiser, devait être sévèrement interdite.

50. — *Il permit aux émissaires des rébelles de venir sans cesse à bord des vaisseaux pour tromper les équipages.*

Conduite de St.-Julien du 24 au 27 août.

53. — St.-Julien écrit une lettre aux sections; puis il alla, dit-on, dans une bastide passer la nuit en orgie, et revint ivre.

54. — Il passa les trois autres jours dans l'inaction, et fut, dit-on, presque toujours dans un état d'ivresse.

Il promit sans cesse, mais il n'ordonna ni ne permit de faire aucune disposition, aucune tentative quelconque ni pour aider les patriotes, ni pour réprimer les rébelles, ni pour occuper les Darses et les forts, ni pour la protection des vaisseaux, ni enfin pour leur défense, excepté l'ordre de les embosser.

Le 28 août.

68. — A la première vue de la flotte anglaise, St.-Julien se sauve à terre sans faire tirer, ni laisser tirer une seule volée.

69. — Pour tromper de braves gens et les entraîner dans sa suite honteuse, il la qualifie d'acte de fidélité à la Patrie.

70. — Il crie à haute voix et il ordonne aux bons patriotes de se rendre avec lui à l'armée de Carteaux.

71. — Il est, dit-on, renvoyé à son poste qu'il devait défendre jusqu'à la mort.

72. — Il revient supplier *Hood* de le faire son prisonnier. *Hood* le renvoie de son bord *avec dédain*.

73. — Il va se jetter à la *merci* de *Langara* qui en a *pitié* et l'envoie prisonnier en Espagne.

74. — Il y a été *généralement méprisé*.

Conduite de Gassin, Lieutenant commandant la Topase.

87. — Apprenant l'entrée de l'Anglais dans les forts, et voyant l'inaction de St.-Julien, *Babron*, lieutenant en pied de la Topase, propose d'appareiller la marche très-supérieure de la frégate, permettant de passer à travers la flotte ennemie. Plusieurs marins sont de cet avis. Le capitaine *s'y refuse*.

88. — *Babron* propose d'aller du moins se mouiller à l'entrée de la rade pour observer l'ennemi et être paré à s'échapper au besoin. *Même refus*.

89. — A la vue de l'ennemi, *Gassin se sauve à terre*.

90. — *Babron*, ainsi que divers marins, représentent que la loi défend, sous peine de mort, de quitter son vaisseau, que *fuir devant l'ennemi est indigne*. Il demande qu'on appareille, qu'on brave l'ennemi. *Gassin n'entend rien, il veut fuir.*

91. — Il entraîne d'autorité tout son équipage, excepté *Babron* et 7 hommes, dont 5 canonniers de marine de *Brest*, tous incapables *de fuir devant l'ennemi*.

92. — Il fait comme St.-Julien, l'impossible pour faire fuir les équipages à portée de sa voix.

Il a l'audace d'écrire à la Convention :

» *Incapable de défendre* contre » tant d'ennemis *la frégate* que » je commandais, *ne pouvant* » *y mettre le feu sans incendier* » *en même tems quatre vaisseaux* » *qui restoient encore fermes à* » *leur poste*, je me mets à la » *tête des matelots et nous nous* » *mettons en marche pour Marseille*.

» J'ai perdu... (*environ 30* » *mille liv.*) pour être fidèle à le » République, *ma vie lui appartient. Je la lui ai consacrée.* » Signé *Gassin.* »

Conduite de Cazotte, l'ancien des Capitaines Ponantais.

93. — *Cazotte* qui pouvait tant influer sur le général et sur l'armée, ne se montre en rien.

94. — Quand St.-Julien abandonne le pavillon, l'on presse Cazotte de l'arborer, il hésite, puis le refuse et par son incertitude il ôte à Bouvet, capitaine du *Patriote*, la possibilité de l'arborer.

95. — Il concourt même à annuller le zèle de l'équipage de son propre vaisseau.

Coutances, 15 Floréal, an V

PUISSANT.

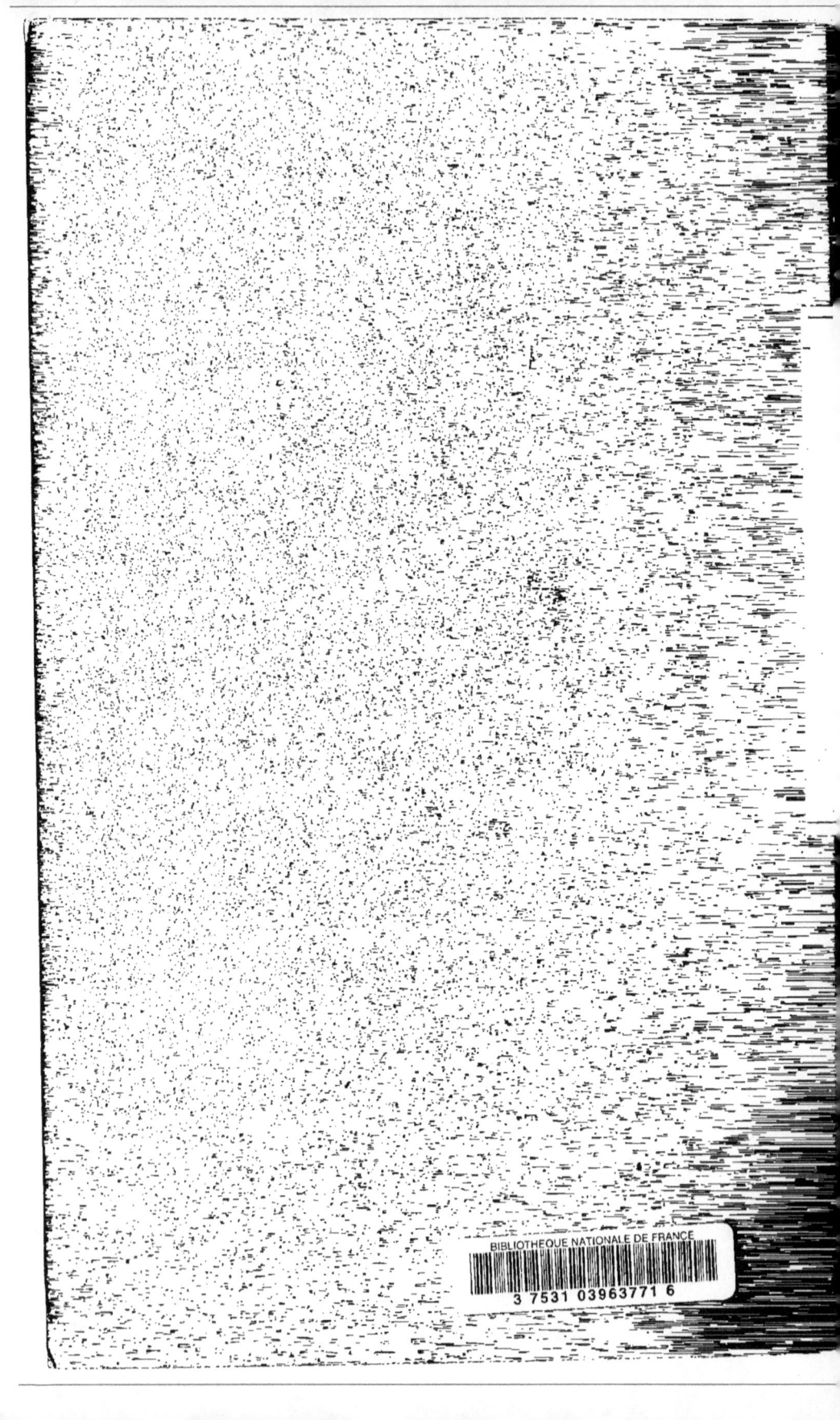

www.ingramcontent.com/pod-product-compliance
Lightning Source LLC
Chambersburg PA
CBHW071435060426
42450CB00009BA/2187